WELCOME

This book has been crafted with the novice learner in mind, providing a solid foundation in essential vocabulary and phrases to help you confidently navigate everyday situations in a new language. Language is more than just a means of communication; it is a gateway to understanding different cultures, connecting with people, and broadening your horizons. Whether you are preparing for a trip, expanding your professional skills, or simply exploring a personal interest, learning a new language can be an incredibly rewarding experience.

In creating this book, we focused on three core principles: simplicity, practicality, and accessibility. The 50 themed chapters are designed to cover a wide range of common scenarios, from greetings and introductions to shopping and dining, ensuring that you have the words and phrases you need right at your fingertips.

One of the unique features of this book is the integration of online audio pronunciation support.

We understand that correct pronunciation is key to effective communication, which is why we have included high-quality audio recordings for every word and phrase. Listening to native speakers will help you develop an authentic accent and boost your confidence in speaking.

Learning a new language can seem daunting at first, but with this book, you will find that it is a manageable and enjoyable journey. The clear, user-friendly layout allows you to learn at your own pace, making the process both effective and enjoyable. Thank you for choosing this book as your language-learning companion. We hope it inspires you to explore new opportunities and connect with the world in ways you never thought possible.

Happy learning!

USE THIS QR CODE TO ACCESS THE ONLINE AUDIO RESOURCES:

INDEX

Greetings	1
Common Phrases	4
Numbers	7
Days of the Week	10
Months of the Year	13
Colors	16
Family Members	19
Food and Drinks	22
Clothing	25
House and Home	28
School	31
Jobs and Professions	34
Transportation	37
Travel	40
Weather	43
Health and Body	46
Emotions	49
Nature	52
Animals	55
Hobbies	58
Sports	61
Technology	64
Shopping	67
Directions	70

Time	73
Celebrations	76
Music	79
Movies and TV Shows	82
Books and Literature	85
Art	88
Science	91
Math	94
History	97
Geography	100
Politics	103
Religion	106
Festivals	109
Social Media	112
Internet	115
Phone and Communication	118
Emergency Situations	121
Restaurants	124
Hotels	127
Banking	130
Real Estate	133
Legal Terms	136
Medical Terms	139
Environment	142
Space	145
Emotions and Feelings	148

POZDRAVI

Greetings

HELLO

Hello, how are you?

ZDRAVO

Zdravo, kako si?

GOOD MORNING

Good morning, did you sleep well?

DOBRO JUTRO

Dobro jutro, si dobro spal?

GREETINGS

GOOD AFTERNOON

Good afternoon, how was your day?

DOBER DAN

Dober dan, kako je bil tvoj dan?

GOOD EVENING

Good evening, let's watch a movie.

DOBER VEČER

Dober večer, glejva film.

GOODBYE

Goodbye, see you tomorrow.

NASVIDENJE

Nasvidenje, se vidimo jutri.

PLEASE

Please pass the salt.

PROSIM

Prosim, podaj sol.

POZDRAVI

THANK YOU
Thank you for your help.

HVALA
Hvala za tvojo pomoč.

YES
Yes, I would like some coffee.

DA
Da, rad bi kavo.

NO
No, I don't want any.

NE
Ne, nočem ničesar.

EXCUSE ME
Excuse me, where is the bathroom?

OPROSTITE
Oprostite, kje je kopalnica?

POGOSTI STAVKI

Common Phrases

HOW MUCH DOES IT COST?

How much does this book cost?

KOLIKO STANE?

Koliko stane ta knjiga?

WHERE IS THE BATHROOM?

Excuse me, where is the bathroom?

KJE JE STRANIŠČE?

Oprostite, kje je stranišče?

COMMON PHRASES

I DON'T UNDERSTAND

I don't understand this lesson.

NE RAZUMEM

Tega pouka ne razumem.

CAN YOU HELP ME?

Can you help me with my homework?

MI LAHKO POMAGATE?

Mi lahko pomagate pri moji domači nalogi?

I'M SORRY

I'm sorry for being late.

OPROSTITE

Oprostite, ker zamujam.

WHAT TIME IS IT?

Do you know what time it is?

KOLIKO JE URA?

Ali veš, koliko je ura?

POGOSTI STAVKI

I AM LOST

I am lost, can you help me?

IZGUBIL SEM SE

Izgubil sem se, mi lahko pomagate?

I LOVE YOU

I love you very much.

LJUBIM TE

Ljubim te zelo.

I AM HUNGRY

I am hungry, let's eat something.

LAČEN SEM

Lačen sem, pojdimo nekaj pojesti.

I AM THIRSTY

I am thirsty, can I have some water?

ŽEJEN SEM

Žejen sem, lahko dobim malo vode?

ŠTEVILKE

Numbers

ONE

One apple, please.

ENA

Ena jabolko, prosim.

TWO

I have two cats.

DVA

Imam dve mački.

NUMBERS

THREE
There are three books on the table.

TRI
Na mizi so tri knjige.

FOUR
We need four chairs.

ŠTIRI
Potrebujemo štiri stole.

FIVE
She has five pencils.

PET
Ima pet svinčnikov.

SIX
The clock shows six o'clock.

ŠEST
Ura kaže šest.

ŠTEVILKE

SEVEN
There are seven days in a week.

SEDEM
V tednu je sedem dni.

EIGHT
The cake is cut into eight pieces.

OSEM
Torta je razrezana na osem kosov.

NINE
There are nine students in the class.

DEVET
V razredu je devet učencev.

TEN
I can count to ten.

DESET
Lahko štejem do deset.

DNEVI V TEDNU

Days of the Week

MONDAY

I have a meeting on Monday.

PONEDELJEK

Imam sestanek v ponedeljek.

TUESDAY

She goes to the gym on Tuesday.

TOREK

Ona gre v telovadnico v torek.

DAYS OF THE WEEK

WEDNESDAY

We have a class on Wednesday.

SREDA

Imamo pouk v sredo.

THURSDAY

The market opens on Thursday.

ČETRTEK

Tržnica se odpre v četrtek.

FRIDAY

Friday is my favorite day.

PETEK

Petek je moj najljubši dan.

SATURDAY

They visit their grandparents on Saturday.

SOBOTA

Obiščejo svoje starše v soboto.

DNEVI V TEDNU

SUNDAY

We rest on Sunday.

NEDELJA

Počivamo v nedeljo.

WEEKEND

What are your plans for the weekend?

VIKEND

Kakšni so vaši načrti za vikend?

WEEKDAY

A weekday is any day except the weekend.

DELOVNI DAN

Delovni dan je vsak dan razen vikenda.

HOLIDAY

Christmas is a holiday.

PRAZNIK

Božič je praznik.

MESECI V LETU

Months of the Year

JANUARY

My birthday is in January.

JANUAR

Moj rojstni dan je januarja.

FEBRUARY

Valentine's Day is in February.

FEBRUAR

Valentinovo je februarja.

MONTHS OF THE YEAR

MARCH

Spring starts in March.

MAREC

Pomlad se začne marca.

APRIL

April is a rainy month.

APRIL

April je deževen mesec.

MAY

Mother's Day is in May.

MAJ

Materinski dan je maja.

JUNE

School ends in June.

JUNIJ

Šola se konča junija.

MESECI V LETU

JULY
Independence Day is in July.

JULIJ
Dan neodvisnosti je julija.

AUGUST
We go on vacation in August.

AVGUST
Avgusta gremo na počitnice.

SEPTEMBER
School starts in September.

SEPTEMBER
Šola se začne septembra.

OCTOBER
Halloween is in October.

OKTOBER
Noč čarovnic je oktobra.

BARVE

Colors

RED	**RDEČA**
The apple is red.	Jabolko je rdeče.
BLUE	**MODRA**
The sky is blue.	Nebo je modro.

COLORS

GREEN	ZELENA
The grass is green.	Trava je zelena.

YELLOW	RUMENA
The sun is yellow.	Sonce je rumeno.

BLACK	ČRNA
The night is black.	Noč je črna.

WHITE	BELA
The snow is white.	Sneg je bel.

BARVE

GRAY — The sky is gray today.	**SIVA** — Nebo je danes sivo.
BROWN — The soil is brown.	**RJAVA** — Prst je rjava.
PINK — The flower is pink.	**ROZA** — Cvet je roza.
PURPLE — The grapes are purple.	**VIJOLIČNA** — Grozdje je vijolično.

DRUŽINSKI ČLANI

Family Members

MOTHER

My mother is a teacher.

MATI

Moja mati je učiteljica.

FATHER

My father works in a bank.

OČE

Moj oče dela v banki.

FAMILY MEMBERS

BROTHER

My brother is younger than me.

BRAT

Moj brat je mlajši od mene.

SISTER

My sister is older than me.

SESTRA

Moja sestra je starejša od mene.

GRANDFATHER

My grandfather is retired.

DEDEK

Moj dedek je upokojen.

GRANDMOTHER

My grandmother tells great stories.

BABICA

Moja babica pripoveduje odlične zgodbe.

DRUŽINSKI ČLANI

UNCLE
My uncle lives in the city.

STRIC
Moj stric živi v mestu.

AUNT
My aunt is a doctor.

TETA
Moja teta je zdravnica.

COUSIN
My cousin is visiting us.

BRATRANEC/SESTRIČNA
Moj bratranec obišče nas.

NEPHEW
My nephew is learning to read.

NEČAK
Moj nečak se uči brati.

HRANA IN PIJAČA

Food and Drinks

BREAD

I like to eat bread.

KRUH

Rad jem kruh.

WATER

I drink a lot of water.

VODA

Pijem veliko vode.

FOOD AND DRINKS

MILK

I drink milk every morning.

MLEKO

Pijem mleko vsako jutro.

JUICE

He drinks orange juice.

SOK

On pije pomarančni sok.

COFFEE

I drink coffee in the morning.

KAVA

Zjutraj pijem kavo.

TEA

She likes to drink tea.

ČAJ

Rada pije čaj.

HRANA IN PIJAČA

WINE

He likes red wine.

VINO

On ima rad rdeče vino.

BEER

He drinks beer with friends.

PIVO

On pije pivo s prijatelji.

SODA

I like to drink soda.

SODA

Rad pijem soda.

WINE

They enjoy a glass of wine.

VINO

Uživajo v kozarcu vina.

OBLAČILA

Clothing

SHIRT

I bought a new shirt.

SRAJCA

Kupil sem novo srajco.

PANTS

He is wearing blue pants.

HLAČE

Nosil je modre hlače.

CLOTHING

DRESS
She bought a red dress.

OBLEKA
Kupil je rdečo obleko.

SHOES
I need new shoes.

ČEVLJI
Potrebujem nove čevlje.

HAT
He wears a hat.

KLOBUK
Nosil je klobuk.

SKIRT
She is wearing a skirt.

KRILO
Nosila je krilo.

OBLAČILA

COAT
I wear a coat in winter.

PLAŠČ
Pozimi nosim plašč.

JACKET
She bought a new jacket.

JAKNA
Kupila je novo jakno.

T-SHIRT
He is wearing a T-shirt.

MAJICA
Nosil je majico.

SWEATER
She knitted a sweater.

PULOVER
Pletla je pulover.

HIŠA IN DOM

House and Home

HOUSE

The house is big.

HIŠA

Hiša je velika.

ROOM

My room is on the second floor.

SOBA

Moja soba je v drugem nadstropju.

HOUSE AND HOME

KITCHEN

The kitchen is clean.

KUHINJA

Kuhinja je čista.

BATHROOM

The bathroom is upstairs.

KOPALNICA

Kopalnica je zgoraj.

LIVING ROOM

The living room is spacious.

DNEVNA SOBA

Dnevna soba je prostorna.

BEDROOM

The bedroom is cozy.

SPALNICA

Spalnica je prijetna.

HIŠA IN DOM

GARDEN

The garden is beautiful.

VRT

Vrt je čudovit.

GARAGE

The car is in the garage.

GARAŽA

Avto je v garaži.

BALCONY

We have breakfast on the balcony.

BALKON

Zajtrkujemo na balkonu.

ROOF

The roof needs repair.

STREHA

Streha potrebuje popravilo.

ŠOLA

School

TEACHER

The teacher is explaining the lesson.

UČITELJ

Učitelj razlaga lekcijo.

STUDENT

The student is studying hard.

ŠTUDENT

Študent se trdo uči.

SCHOOL

CLASSROOM

The classroom is full of students.

UČILNICA

Učilnica je polna študentov.

HOMEWORK

I have a lot of homework.

DOMAČA NALOGA

Imam veliko domače naloge.

EXAM

The exam was very difficult.

IZPIT

Izpit je bil zelo težak.

LIBRARY

I study in the library.

KNJIŽNICA

Učim se v knjižnici.

ŠOLA

BOOK
I am reading a book.

KNJIGA
Berem knjigo.

DESK
My desk is tidy.

PISARNA
Moja miza je urejena.

PEN
I need a pen to write.

SVINČNIK
Rabim svinčnik za pisanje.

NOTEBOOK
I write in my notebook.

ZVEZEK
Pišem v svoj zvezek.

DELA IN POKLICI

Jobs and Professions

DOCTOR

The doctor is very kind.

ZDRAVNIK

Zdravnik je zelo prijazen.

ENGINEER

The engineer designed the bridge.

INŽENIR

Inženir je oblikoval most.

JOBS AND PROFESSIONS

NURSE

The nurse is very caring.

MEDICINSKA SESTRA

Medicinska sestra je zelo skrbna.

TEACHER

The teacher is very strict.

UČITELJ

Učitelj je zelo strog.

POLICE OFFICER

The police officer helped us.

POLICIST

Policist nam je pomagal.

FIREFIGHTER

The firefighter saved the cat.

GASILEC

Gasilec je rešil mačko.

DELA IN POKLICI

CHEF
The chef cooked a delicious meal.

KUHAR
Kuhar je pripravil okusno jed.

ARTIST
The artist painted a beautiful picture.

UMETNIK
Umetnik je naslikal čudovito sliko.

LAWYER
The lawyer gave us advice.

ODVETNIK
Odvetnik nam je dal nasvet.

DENTIST
The dentist cleaned my teeth.

ZOBOZDRAVNIK
Zobozdravnik mi je očistil zobe.

PREVOZ

Transportation

CAR

I bought a new car.

AVTO

Kupim nov avto.

BUS

I take the bus to work.

AVTOBUS

Na delo grem z avtobusom.

TRANSPORTATION

BICYCLE

I ride my bicycle every day.

KOLO

Vsak dan se peljem s kolesom.

TRAIN

The train is late.

VLAK

Vlak ima zamudo.

PLANE

The plane is taking off.

LETALO

Letalo vzleta.

BOAT

The boat is sailing.

ČOLN

Čoln pluje.

PREVOZ

TRUCK
The truck is carrying goods.

TOVORNJAK
Tovornjak prevaža blago.

MOTORCYCLE
The motorcycle is fast.

MOTORNO KOLO
Motorno kolo je hitro.

SUBWAY
The subway is crowded.

PODZEMNA ŽELEZNICA
Podzemna železnica je prenatrpana.

HELICOPTER
The helicopter is flying low.

HELIKOPTER
Helikopter leti nizko.

POTOVANJE

Travel

AIRPORT

The airport is very busy.

LETALIŠČE

Letališče je zelo zasedeno.

HOTEL

We are staying in a nice hotel.

HOTEL

Ostajamo v lepem hotelu.

TRAVEL

PASSPORT
Do you have your passport?

POTNI LIST
Ali imaš tvoj potni list?

TICKET
I bought a ticket to Paris.

KARTA
Kupila sem karto za Pariz.

TOURIST
The tourist is taking pictures.

TURIST
Turist fotografira.

LUGGAGE
I need to pack my luggage.

PRTLJAGA
Moram spakirati svojo prtljago.

POTOVANJE

MAP
Do you have a map?

ZEMLJEVID
Ali imaš zemljevid?

GUIDE
The guide showed us around.

VODIČ
Vodič nam je pokazal okolico.

VISA
I need a visa to travel.

VIZA
Potrebujem vizo za potovanje.

SUITCASE
My suitcase is heavy.

KOVČEK
Moj kovček je težak.

VREME

Weather

SUNNY

Today is a sunny day.

SONČNO

Danes je sončen dan.

RAINY

It is a rainy afternoon.

DEŽEVNO

Popoldne je deževno.

WEATHER

WINDY	**VETROVNO**
It is a windy day.	Danes je vetrovno.
SNOWY	**SNEŽNO**
It is a snowy morning.	Jutro je snežno.
CLOUDY	**OBLAČNO**
It is a cloudy evening.	Večer je oblačen.
STORMY	**NEVIHTNO**
It is a stormy night.	Noč je neurje.

VREME

FOGGY	**MEGLENO**
It is a foggy morning.	Jutro je megleno.

HUMID	**VLAŽNO**
It is a humid day.	Danes je vlažno.

FREEZING	**ZELO MRZLO**
It is freezing outside.	Zunaj zelo mrzlo.

HOT	**VROČE**
It is a hot day.	Danes je vroče.

ZDRAVJE IN TELO

Health and Body

DOCTOR

The doctor is very kind.

ZDRAVNIK

Zdravnik je zelo prijazen.

NURSE

The nurse is very caring.

MEDICINSKA SESTRA

Medicinska sestra je zelo skrbna.

HEALTH AND BODY

HOSPITAL
The hospital is clean.

BOLNIŠNICA
Bolnišnica je čista.

MEDICINE
I need to take my medicine.

ZDRAVILO
Moram vzeti svoje zdravilo.

PHARMACY
I need to go to the pharmacy.

LEKARNA
Moram iti v lekarno.

DENTIST
I have an appointment with the dentist.

ZOBOZDRAVNIK
Imam termin pri zobozdravniku.

ZDRAVJE IN TELO

THERAPIST

The therapist is very helpful.

TERAPEVT

Terapevt je zelo koristen.

SURGEON

The surgeon performed a successful operation.

KIRURG

Kirurg je izvedel uspešno operacijo.

PATIENT

The patient is recovering.

BOLNIK

Bolnik okreva.

CLINIC

The clinic is open 24 hours.

KLINIKA

Klinika je odprta 24 ur.

ČUSTVA

Emotions

HAPPY

She feels very happy today.

SREČEN

Danes se počuti zelo srečno.

SAD

He looks sad.

ŽALOSTEN

Videti je žalosten.

EMOTIONS

ANGRY

She is angry with her friend.

JEZNA

Je jezna na svojo prijateljico.

EXCITED

The children are excited.

VZNEMIRJEN

Otroci so vznemirjeni.

SCARED

She is scared of the dark.

PRESTRAŠENA

Boji se teme.

SURPRISED

He was surprised by the news.

PRESENEČEN

Bil je presenečen zaradi novic.

ČUSTVA

BORED
She feels bored at home.

DOLGOČASEN
Doma se počuti dolgočasno.

CALM
He is very calm under pressure.

UMIRJEN
Pod pritiskom je zelo umirjen.

NERVOUS
She is nervous about the exam.

ŽIVČNA
Živčna je zaradi izpita.

CONFUSED
He is confused about the instructions.

ZMEDEN
Glede navodil je zmeden.

NARAVA

Nature

TREE
The tree is very tall.

DREVO
Drevo je zelo visoko.

FLOWER
The flower is beautiful.

CVET
Cvet je lep.

NATURE

RIVER	**REKA**
The river is wide.	Reka je široka.

MOUNTAIN	**GORA**
The mountain is high.	Gora je visoka.

FOREST	**GOZD**
The forest is dense.	Gozd je gost.

OCEAN	**OCEAN**
The ocean is vast.	Ocean je obsežen.

NARAVA

BEACH

The beach is crowded.

PLAŽA

Plaža je gneča.

DESERT

The desert is hot.

PUŠČAVA

Puščava je vroča.

LAKE

The lake is calm.

JEZERO

Jezero je mirno.

VALLEY

The valley is beautiful.

DOLINA

Dolina je lepa.

ŽIVALI

Animals

DOG

The dog is barking.

PES

Pes laja.

CAT

The cat is sleeping.

MAČKA

Mačka spi.

ANIMALS

BIRD

The bird is singing.

PTIČ

Ptič poje.

FISH

The fish is swimming.

RIBA

Riba plava.

HORSE

The horse is running.

KONJ

Konj teče.

COW

The cow is grazing.

KRAVA

Krava se pase.

ŽIVALI

LION

The lion is roaring.

LEV

Lev rjove.

ELEPHANT

The elephant is huge.

SLON

Slon je ogromen.

MONKEY

The monkey is playful.

OPICA

Opica je igriva.

TIGER

The tiger is fierce.

TIGER

Tiger je besen.

HOBIJI

Hobbies

READING

I enjoy reading books.

BRANJE

Uživam v branju knjig.

PAINTING

She loves painting.

SLIKANJE

Ona obožuje slikanje.

HOBBIES

GARDENING

I spend my weekends gardening.

VRTNARJENJE

Vikende preživljam z vrtnarjenjem.

COOKING

He enjoys cooking.

KUHANJE

On uživa v kuhanju.

DANCING

They like dancing.

PLESANJE

Rada plešejo.

CYCLING

I go cycling every morning.

KOLESARJENJE

Vsako jutro kolesarim.

HOBIJI

SINGING
I enjoy singing.

PETJE
Uživam v petju.

SWIMMING
She loves swimming.

PLAVANJE
Ona obožuje plavanje.

TRAVELING
I love traveling to new places.

POTOVANJE
Rad potujem v nove kraje.

FISHING
He goes fishing on weekends.

RIBOLOV
On hodi na ribolov ob vikendih.

ŠPORTI

Sports

FOOTBALL

He plays football every weekend.

NOGOMET

On igra nogomet vsak vikend.

BASKETBALL

She loves playing basketball.

KOŠARKA

Ona obožuje igrati košarko.

SPORTS

TENNIS

They play tennis on Sundays.

TENIS

Oni igrajo tenis ob nedeljah.

SWIMMING

I go swimming every morning.

PLAVANJE

Jaz grem plavat vsako jutro.

RUNNING

She enjoys running in the park.

TEK

Ona uživa v teku v parku.

CYCLING

He goes cycling on weekends.

KOLESARJENJE

On gre kolesarit ob vikendih.

ŠPORTI

YOGA
She practices yoga every day.

JOGA
Ona vadi jogo vsak dan.

DANCING
They enjoy dancing.

PLES
Oni uživajo v plesu.

HIKING
We go hiking in the mountains.

POHODNIŠTVO
Gremo na pohode v gore.

GOLF
He plays golf with his friends.

GOLF
On igra golf s prijatelji.

TEHNOLOGIJA

Technology

COMPUTER

I bought a new computer.

RAČUNALNIK

Kupila sem nov računalnik.

INTERNET

The internet is slow today.

INTERNET

Internet je danes počasen.

TECHNOLOGY

SMARTPHONE

I need a new smartphone.

PAMETNI TELEFON

Potrebujem nov pametni telefon.

TABLET

The tablet is very useful.

TABLIČNI RAČUNALNIK

Tablični računalnik je zelo uporaben.

LAPTOP

My laptop is broken.

PRENOSNI RAČUNALNIK

Moj prenosni računalnik je pokvarjen.

SOFTWARE

I need to install new software.

PROGRAMSKA OPREMA

Moram namestiti novo programsko opremo.

TEHNOLOGIJA

APP
This app is very helpful.

APLIKACIJA
Ta aplikacija je zelo koristna.

GADGET
This gadget is amazing.

PRIPOMOČEK
Ta pripomoček je neverjeten.

DEVICE
This device is easy to use.

NAPRAVA
Ta naprava je enostavna za uporabo.

CAMERA
I need a new camera.

FOTOAPARAT
Potrebujem nov fotoaparat.

NAKUPOVANJE

Shopping

STORE

The store is open.

TRGOVINA

Trgovina je odprta.

MARKET

I buy vegetables at the market.

TRŽNICA

Zelenjavo kupim na tržnici.

SHOPPING

MALL

The mall is very crowded.

NAKUPOVALNO SREDIŠČE

Nakupovalno središče je zelo gneče.

SUPERMARKET

I need to go to the supermarket.

SUPERMARKET

Moram iti v supermarket.

BOUTIQUE

I found a nice dress at the boutique.

BUTIK

V butiku sem našla lepo obleko.

BAKERY

The bakery sells fresh bread.

PEKARNA

Pekarna prodaja svež kruh.

NAKUPOVANJE

PHARMACY
I need to buy medicine from the pharmacy.

LEKARNA
Moram kupiti zdravilo iz lekarne.

BUTCHER
I buy meat from the butcher.

MESNICA
Meso kupim pri mesarju.

FLORIST
I bought flowers from the florist.

CVETLIČARNA
Rože sem kupil v cvetličarni.

GROCERY STORE
The grocery store is open 24/7.

TRGOVINA Z ŽIVILI
Trgovina z živili je odprta 24/7.

SMER

Directions

LEFT

Turn left at the corner.

LEVO

Na vogalu zavijte levo.

RIGHT

Turn right after the bank.

DESNO

Za banko zavijte desno.

DIRECTIONS

STRAIGHT

Go straight ahead.

NARAVNOST

Pojdite naravnost naprej.

NORTH

The library is to the north.

SEVER

Knjižnica je na severu.

SOUTH

The park is to the south.

JUG

Park je na jugu.

EAST

The school is to the east.

VZHOD

Šola je na vzhodu.

SMER

WEST
The hospital is to the west.

ZAHOD
Bolnišnica je na zahodu.

NEAR
The bank is near the post office.

BLIZU
Banka je blizu pošte.

FAR
The cinema is far from here.

DALEČ
Kino je daleč od tukaj.

NEXT TO
The restaurant is next to the hotel.

POLEG
Restavracija je poleg hotela.

ČAS

Time

MORNING

I wake up early in the morning.

JUTRO

Zjutraj se zgodaj zbudim.

AFTERNOON

I work in the afternoon.

POPOLDNE

Delam popoldne.

TIME

EVENING
We have dinner in the evening.

VEČER
Zvečer imamo večerjo.

NIGHT
It is very quiet at night.

NOČ
Ponoči je zelo tiho.

HOUR
The meeting lasts one hour.

URA
Sestanek traja eno uro.

MINUTE
Wait a minute, please.

MINUTA
Počakajte minuto, prosim.

ČAS

SECOND
I will be there in a second.

SEKUNDA
Bom tam čez sekundo.

DAY
It is a beautiful day.

DAN
Danes je lep dan.

WEEK
I will see you next week.

TEDEN
Se vidimo naslednji teden.

MONTH
I will travel next month.

MESEC
Bom potoval naslednji mesec.

PRAZNOVANJA

Celebrations

CHRISTMAS

We celebrate Christmas in December.

BOŽIČ

Praznujemo Božič v decembru.

BIRTHDAY

Her birthday is next week.

ROJSTNI DAN

Njena rojstni dan je prihodnji teden.

CELEBRATIONS

EASTER

We have an Easter egg hunt.

VELIKA NOČ

Igramo se lov na velikonočna jajca.

NEW YEAR

We celebrate the New Year with fireworks.

NOVO LETO

Novo leto praznujemo s fyrerwerkom.

WEDDING

The wedding was beautiful.

POROKA

Poroka je bila lepa.

FESTIVAL

The festival is held every year.

FESTIVAL

Festival poteka vsako leto.

PRAZNOVANJA

ANNIVERSARY

Today is their wedding anniversary.

OBLETNICA

Danes je njihova obletnica poroke.

HOLIDAY

Today is a public holiday.

PRAZNIK

Danes je državni praznik.

PARTY

The party was a lot of fun.

ZABAVA

Zabava je bila zelo zabavna.

CARNIVAL

The carnival is colorful and lively.

KARNEVAL

Karneval je barvit in živahen.

GLASBA

Music

SONG
I like this song.

PESEM
Všeč mi je ta pesem.

MUSIC
She listens to music every day.

GLASBA
Ona posluša glasbo vsak dan.

MUSIC

BAND
I like this band.

BEND
Všeč mi je ta bend.

INSTRUMENT
He plays a musical instrument.

INSTRUMENT
Igra glasbeni inštrument.

CONCERT
The concert was amazing.

KONCERT
Koncert je bil neverjeten.

GUITAR
He plays the guitar.

KITARA
Igra kitaro.

GLASBA

PIANO

She plays the piano beautifully.

KLAVIR

Ona lepo igra klavir.

VIOLIN

He is learning to play the violin.

VIOLINA

Uči se igrati violino.

DRUMS

He plays the drums in a band.

BOBNI

V bendu igra bobne.

MICROPHONE

She sang into the microphone.

MIKROFON

Pela je v mikrofon.

FILMI IN TV ODDAJE
Movies and TV Shows

MOVIE
This movie is very interesting.

FILM
Ta film je zelo zanimiv.

TV SHOW
This TV show is very popular.

TV ODDAJA
Ta TV oddaja je zelo priljubljena.

MOVIES AND TV SHOWS

ACTOR
The actor is very talented.

IGRALEC
Igralec je zelo nadarjen.

DIRECTOR
The director made a great movie.

REŽISER
Režiser je naredil odličen film.

EPISODE
I watched the latest episode.

EPIZODA
Pogledal sem najnovejšo epizodo.

SERIES
This series is very popular.

SERIJA
Ta serija je zelo priljubljena.

FILMI IN TV ODDAJE

SEASON
The new season starts soon.

SEZONA
Nova sezona se začne kmalu.

GENRE
This genre is my favorite.

ŽANR
Ta žanr je moj najljubši.

DOCUMENTARY
I watched a documentary.

DOKUMENTAREC
Pogledal sem dokumentarec.

COMEDY
I like watching comedy shows.

KOMEDIJA
Rad gledam komedijske oddaje.

KNJIGE IN LITERATURA
Books and Literature

BOOK

I am reading a new book.

KNJIGA

Berem novo knjigo.

AUTHOR

The author is very famous.

AVTOR

Avtor je zelo slaven.

BOOKS AND LITERATURE

STORY

The story is captivating.

ZGODBA

Zgodba je privlačna.

NOVEL

I am reading a novel.

ROMAN

Berem roman.

POETRY

I enjoy reading poetry.

POEZIJA

Rad berem poezijo.

CHAPTER

I finished the first chapter.

POGLAVJE

Končal sem prvo poglavje.

KNJIGE IN LITERATURA

LIBRARY
The library has many books.

KNJIŽNICA
Knjižnica ima veliko knjig.

FICTION
I like reading fiction.

FANTAZIJA
Rad berem fantazijo.

BIOGRAPHY
I am reading a biography.

BIOGRAFIJA
Beriem biografijo.

PUBLISHER
The publisher released a new book.

ZALOŽNIK
Založnik je izdal novo knjigo.

UMETNOST

Art

PAINTING

The painting is beautiful.

SLIKARSTVO

Slikarstvo je lepo.

SCULPTURE

The sculpture is impressive.

KIPARSTVO

Kip je impresiven.

ART

DRAWING
The drawing is detailed.

RISBA
Risba je podrobna.

MUSEUM
The museum has many exhibits.

MUZEJ
Muzej ima veliko razstav.

GALLERY
The gallery displays modern art.

GALERIJA
Galerija prikazuje moderno umetnost.

EXHIBITION
The exhibition opens tomorrow.

RAZSTAVA
Razstava se odpre jutri.

UMETNOST

PHOTOGRAPH
The photograph is in black and white.

FOTOGRAFIJA
Fotografija je črno-bela.

STATUE
The statue is made of marble.

KIP
Kip je iz marmorja.

CANVAS
The artist painted on canvas.

PLATNO
Umetnik je slikal na platnu.

GRAFFITI
The graffiti is very artistic.

GRAFIT
Grafit je zelo umetniški.

ZNANOST

Science

EXPERIMENT

We did a science experiment.

EKSPERIMENT

Naredili smo znanstveni eksperiment.

MICROSCOPE

We looked at cells under the microscope.

MIKROSKOP

Pogledali smo celice pod mikroskopom.

SCIENCE

PHYSICS

Physics is my favorite subject.

FIZIKA

Fizika je moj najljubši predmet.

CHEMISTRY

We learned about elements in chemistry.

KEMIJA

Učili smo se o elementih v kemiji.

BIOLOGY

Biology studies living organisms.

BIOLOGIJA

Biologija preučuje žive organizme.

ASTRONOMY

Astronomy is fascinating.

ASTRONOMIJA

Astronomija je fascinantna.

ZNANOST

GEOLOGY
Geology studies the Earth.

GEOLOGIJA
Geologija preučuje Zemljo.

BOTANY
Botany is the study of plants.

BOTANIKA
Botanika je preučevanje rastlin.

ECOLOGY
Ecology focuses on ecosystems.

EKOLOGIJA
Ekologija se osredotoča na ekosisteme.

GENETICS
Genetics is a branch of biology.

GENETIKA
Genetika je veja biologije.

MATEMATIKA

Math

ADDITION

Addition is easy for her.

SEŠTEVANJE

Seštevanje je enostavno za njo.

SUBTRACTION

Subtraction can be tricky.

ODŠTEVANJE

Odštevanje je lahko zahtevno.

MATH

MULTIPLICATION
He is good at multiplication.

MNOŽENJE
On je dober v množenju.

DIVISION
Division is a basic math operation.

DELJENJE
Deljenje je osnovna matematična operacija.

FRACTION
We are learning fractions in math.

ULOMEK
Učimo se ulomke pri matematiki.

EQUATION
The equation is difficult to solve.

ENAČBA
Enačbo je težko rešiti.

MATEMATIKA

GEOMETRY

Geometry involves shapes and angles.

GEOMETRIJA

Geometrija vključuje oblike in kote.

ALGEBRA

Algebra uses letters and symbols.

ALGEBRA

Algebra uporablja črke in simbole.

TRIGONOMETRY

Trigonometry deals with triangles.

TRIGONOMETRIJA

Trigonometrija se ukvarja s trikotniki.

STATISTICS

Statistics is used in many fields.

STATISTIKA

Statistika se uporablja na mnogih področjih.

ZGODOVINA

History

WAR

The war lasted five years.

VOJNA

Vojna je trajala pet let.

REVOLUTION

The revolution changed the country.

REVOLUCIJA

Revolucija je spremenila državo.

HISTORY

EMPIRE

The Roman Empire was vast.

IMPERIJ

Rimski imperij je bil obsežen.

COLONIZATION

Colonization impacted many regions.

KOLONIZACIJA

Kolonizacija je vplivala na številna območja.

INDEPENDENCE

They fought for independence.

NEODVISNOST

Bojali so se za neodvisnost.

ANCIENT

They studied ancient civilizations.

STARODAVEN

Študirali so starodavne civilizacije.

ZGODOVINA

MEDIEVAL
They visited a medieval castle.

SREDNJEVEŠKI
Obiskali so srednjeveški grad.

MODERN
They live in a modern house.

MODEREN
Živijo v moderni hiši.

RENAISSANCE
The Renaissance was a period of cultural revival.

RENESANSA
Renesansa je bila obdobje kulturnega preporoda.

VICTORIAN
They restored a Victorian house.

VIKTORIJANSKI
Obnovili so viktorijansko hišo.

GEOGRAFIJA

Geography

CONTINENT

Africa is a continent.

CELINA

Afrika je celina.

COUNTRY

France is a beautiful country.

DRŽAVA

Francija je čudovita država.

GEOGRAPHY

CITY
New York is a big city.

MESTO
New York je veliko mesto.

VILLAGE
The village is very peaceful.

VAS
Vas je zelo mirna.

RIVER
The river flows through the city.

REKA
Reka teče skozi mesto.

MOUNTAIN
We hiked up the mountain.

GORA
Pohodili smo se na goro.

GEOGRAFIJA

LAKE

The lake is very deep.

JEZERO

Jezero je zelo globoko.

ISLAND

We took a boat to the island.

OTOK

Z ladjo smo šli na otok.

DESERT

The desert is very hot during the day.

PUŠČAVA

Puščava je podnevi zelo vroča.

CANYON

The canyon is breathtaking.

KANJON

Kanjon je osupljiv.

POLITIKA

Politics

DEMOCRACY

Democracy allows people to vote.

DEMOKRACIJA

Demokracija omogoča ljudem glasovanje.

GOVERNMENT

The government made new laws.

VLADI

Vlada je sprejela nove zakone.

POLITICS

PRESIDENT

The president gave a speech.

PREDSEDNIK

Predsednik je imel govor.

ELECTION

The election is next month.

VOLITVE

Volitve so naslednji mesec.

SENATOR

The senator visited our town.

SENATOR

Senator je obiskal naše mesto.

PARLIAMENT

The parliament passed a new law.

PARLAMENT

Parlament je sprejel nov zakon.

POLITIKA

CANDIDATE
The candidate gave a speech.

KANDIDAT
Kandidat je imel govor.

CAMPAIGN
The campaign was successful.

KAMPANJA
Kampanja je bila uspešna.

POLICY
The new policy was implemented.

POLITIKA
Nova politika je bila izvedena.

DIPLOMACY
Diplomacy is important in international relations.

DIPLOMATIJA
Diplomatija je pomembna v mednarodnih odnosih.

RELIGIJA

Religion

CHURCH

We go to church on Sundays.

CERKEV

Ob nedeljah gremo v cerkev.

MOSQUE

We visited the mosque yesterday.

MOŠEJA

Včeraj smo obiskali mošejo.

RELIGION

TEMPLE
The temple is very peaceful.

TEMPELJ
Tempelj je zelo miren.

SYNAGOGUE
We went to the synagogue for the ceremony.

SINAGOGA
Šli smo v sinagogo na obred.

PRIEST
The priest gave a blessing.

DUHOVNIK
Duhovnik je dal blagoslov.

BIBLE
I read the Bible every day.

BIBLIJA
Vsak dan berem biblijo.

RELIGIJA

QURAN

They recite the Quran daily.

KORAN

Oni vsak dan berejo Koran.

VEDAS

They study the Vedas.

VEDE

Oni preučujejo Vede.

HYMN

We sang a hymn in church.

HIMNA

Peli smo himno v cerkvi.

PRAYER

We said a prayer for peace.

MOLITEV

Izrekli smo molitev za mir.

FESTIVALI

Festivals

CARNIVAL

The carnival is very colorful.

KARNEVAL

Karneval je zelo barvit.

PARADE

The parade was amazing.

PARADA

Parada je bila osupljiva.

FESTIVALS

FIREWORKS

We watched the fireworks show.

OGNJEMET

Gledali smo ognjemet.

CONCERT

The concert was fantastic.

KONCERT

Koncert je bil fantastičen.

DANCE

They performed a traditional dance.

PLES

Izvajali so tradicionalni ples.

FESTIVAL

The festival was fun.

FESTIVAL

Festival je bil zabaven.

FESTIVALI

FEAST
The feast was delicious.

GOSTIJA
Gostija je bila okusna.

CELEBRATION
The celebration lasted all night.

PRAZNOVANJE
Praznovanje je trajalo vso noč.

MASK
They wore masks at the festival.

MASKA
Nosili so maske na festivalu.

LANTERN
The lanterns lit up the night.

LANTERNA
Lanterne so razsvetlile noč.

DRUŽBENA OMREŽJA
Social Media

POST
I liked your post on social media.

OBJAVA
Všeč mi je bila tvoja objava na družbenih omrežjih.

LIKE
She got many likes on her post.

VŠEČEK
Pri njeni objavi je dobila veliko všečkov.

SOCIAL MEDIA

SHARE

Please share this post.

DELITEV

Prosim deli to objavo.

COMMENT

I left a comment on your photo.

KOMENTAR

Pustil sem komentar na tvoji fotografiji.

FOLLOWER

She has many followers.

SLEDILEC

Ima veliko sledilcev.

FRIEND REQUEST

I sent you a friend request.

ZAHTEVA ZA PRIJATELJSTVO

Poslal sem ti zahtevo za prijateljstvo.

DRUŽBENA OMREŽJA

PROFILE
Update your profile picture.

PROFIL
Posodobi svojo profilno sliko.

TWEET
He posted a new tweet.

TVITANJE
Objavil je nov tvit.

NOTIFICATION
I got a notification on my phone.

OBVESTILO
Dobil sem obvestilo na telefonu.

FEED
I checked my feed.

VIR
Preveril sem svoj vir.

INTERNET

Internet

WEBSITE

The website is very informative.

SPLETNA STRAN

Spletna stran je zelo informativna.

EMAIL

I sent you an email.

E-POŠTA

Poslal sem ti e-pošto.

INTERNET

BLOG

I write a blog about travel.

BLOG

Pišem blog o potovanjih.

FORUM

I joined an online forum.

FORUM

Pridružil sem se spletnemu forumu.

SEARCH

I need to search for information.

ISKANJE

Moram iskati informacije.

LINK

Click on the link.

POVEZAVA

Klikni na povezavo.

INTERNET

DOWNLOAD

I need to download the file.

PRENOS

Moram prenesti datoteko.

UPLOAD

I will upload the photos.

NALAGANJE

Naložil bom fotografije.

PAGE

The page is loading slowly.

STRAN

Stran se nalaga počasi.

NETWORK

The network is down.

OMREŽJE

Omrežje ne deluje.

TELEFON IN KOMUNIKACIJA
Phone and Communication

CALL
I will give you a call later.

KLIC
Poklical te bom kasneje.

TEXT
Send me a text message.

SPOROČILO
Pošlji mi sporočilo.

PHONE AND COMMUNICATION

VOICEMAIL
I left you a voicemail.

GLASOVNA POŠTA
Pustil sem ti glasovno pošto.

RING
My phone didn't ring.

ZVONI
Moj telefon ni zvonil.

CONTACT
I lost my contact list.

KONTAKT
Izgubil sem svoj seznam kontaktov.

SIGNAL
The signal is weak here.

SIGNAL
Signal tukaj je šibek.

TELEFON IN KOMUNIKACIJA

MESSAGE
I received your message.

SPOROČILO
Prejel sem tvoje sporočilo.

CHAT
Let's have a chat.

KLEPET
Imejva klepet.

VIDEO CALL
We had a video call.

VIDEO KLIC
Imeli smo video klic.

RECEIVER
The receiver is not working.

SPREJEMNIK
Sprejemnik ne dela.

NUJNE SITUACIJE

Emergency Situations

AMBULANCE

Call an ambulance immediately.

REŠEVALNO VOZILO

Takoj pokličite reševalno vozilo.

FIREFIGHTER

The firefighter saved the child.

GASILEC

Gasilec je rešil otroka.

EMERGENCY SITUATIONS

POLICE

The police are here to help.

POLICIJA

Policija je tukaj, da pomaga.

EMERGENCY

This is an emergency situation.

NUJNA SITUACIJA

To je nujna situacija.

ACCIDENT

He had a car accident.

NESREČA

Imel je prometno nesrečo.

EVACUATION

We had to evacuate the building.

EVAKUACIJA

Morali smo evakuirati stavbo.

NUJNE SITUACIJE

FIRST AID

I need a first aid kit.

PRVA POMOČ

Potrebujem komplet za prvo pomoč.

PARAMEDIC

The paramedic arrived quickly.

BOLNIČAR

Bolničar je hitro prispel.

RESCUE

The rescue operation was successful.

REŠEVANJE

Reševalna operacija je bila uspešna.

ALARM

The alarm went off.

ALARM

Alarm se je sprožil.

RESTAVRACIJE

Restaurants

MENU

The menu has many options.

MENI

Meni ima veliko možnosti.

WAITER

The waiter was very friendly.

NATAKAR

Natakar je bil zelo prijazen.

RESTAURANTS

CHEF

The chef prepared a delicious meal.

KUHAR

Kuhar je pripravil okusno jed.

DISH

The dish was very tasty.

JED

Jed je bila zelo okusna.

TIP

We left a tip for the waiter.

NAPOJNINA

Pustili smo napojnino za natakarja.

TABLE

We reserved a table for two.

MIZA

Rezervisali smo mizo za dva.

RESTAVRACIJE

ORDER
We would like to order now.

NAROČILO
Radi bi zdaj naročili.

BILL
Can we have the bill, please?

RAČUN
Lahko prosim dobimo račun?

CUISINE
The restaurant offers Italian cuisine.

KUHINJA
Restavracija ponuja italijansko kuhinjo.

CHEF
The chef cooked a wonderful meal.

KUHAR
Kuhar je skuhal čudovito jed.

HOTELI

Hotels

RESERVATION

I made a reservation at the hotel.

REZERVACIJA

Naredil sem rezervacijo v hotelu.

RECEPTION

The reception is open 24 hours.

RECEPCIJA

Recepcija je odprta 24 ur.

HOTELS

CHECK-IN
We checked in at the hotel.

PRIJAVA
V hotelu smo se prijavili.

ROOM
Our room is on the second floor.

SOBA
Naša soba je v drugem nadstropju.

SUITE
The suite has a beautiful view.

APARTMA
Apartma ima čudovit razgled.

BREAKFAST
Breakfast is included with the room.

ZAJTRK
Zajtrk je vključen s sobo.

HOTELI

LOBBY
The lobby is very spacious.

AVLA
Avla je zelo prostorna.

ELEVATOR
The elevator is out of order.

DVIGALO
Dvigalo ne deluje.

SERVICE
The service was excellent.

STORITEV
Storitev je bila odlična.

POOL
The hotel pool is heated.

BAZEN
Hotelski bazen je ogrevan.

BANČNIŠTVO

Banking

ACCOUNT

I need to check my account balance.

RAČUN

Moram preveriti stanje na svojem računu.

DEPOSIT

I need to make a deposit.

POLOG

Moram narediti polog.

BANKING

LOAN
I applied for a loan.

POSOJILO
Zaprosil sem za posojilo.

CREDIT
I have a good credit score.

KREDIT
Imam dobro kreditno oceno.

INTEREST
I paid interest on the loan.

OBRESTI
Plačal sem obresti za posojilo.

SAVINGS
I have a savings account.

PRIHRANKI
Imam varčevalni račun.

BANČNIŠTVO

WITHDRAWAL

I need to make a withdrawal.

DVIG

Moram narediti dvig.

BALANCE

I need to check my account balance.

STANJE

Moram preveriti stanje na svojem računu.

INVESTMENT

I made an investment in stocks.

NALOŽBA

Investiral sem v delnice.

TRANSFER

I need to transfer money.

NAKAZILO

Moram nakazati denar.

NEPREMIČNINE

Real Estate

APARTMENT
I live in an apartment.

STANOVANJE
Živim v stanovanju.

HOUSE
We bought a new house.

HIŠA
Kupili smo novo hišo.

REAL ESTATE

RENT
We pay rent every month.

NAJEMNINA
Vsak mesec plačujemo najemnino.

MORTGAGE
They have a mortgage on their house.

HIPOTEKA
Imajo hipoteko na svoji hiši.

PROPERTY
They own a lot of property.

LASTNINA
Imajo veliko lastnine.

LEASE
We signed a lease for the apartment.

NAJEMNA POGODBA
Podpisali smo najemno pogodbo za stanovanje.

NEPREMIČNINE

AGENT
The real estate agent was very helpful.

AGENT
Nepremičninski agent je bil zelo koristen.

LANDLORD
Our landlord is very nice.

NAJEMODAJALEC
Naš najemodajalec je zelo prijazen.

TENANT
The tenant pays rent on time.

NAJEMNIK
Najemnik pravočasno plačuje najemnino.

BROKER
The broker gave me good advice.

POSREDNIK
Posrednik mi je dal dober nasvet.

PRAVNI IZRAZI

Legal Terms

LAWYER

The lawyer gave me good advice.

ODVETNIK

Odvetnik mi je dal dober nasvet.

CONTRACT

I signed the contract.

POGODBA

Podpisal sem pogodbo.

LEGAL TERMS

JUDGE

The judge made a decision.

SODNIK

Sodnik je sprejel odločitev.

COURT

The court is in session.

SODIŠČE

Sodišče je v zasedanju.

WITNESS

The witness testified in court.

PRIČA

Priča je pričala na sodišču.

CRIME

Crime is a serious issue.

ZLOČIN

Zločin je resna zadeva.

PRAVNI IZRAZI

LAW
The law must be followed.

ZAKON
Zakon je treba spoštovati.

ATTORNEY
The attorney represented the client.

ODVETNIK
Odvetnik je zastopal stranko.

DEFENDANT
The defendant pleaded not guilty.

OBTOŽENEC
Obtoženec se je izrekel za nedolžnega.

VERDICT
The verdict was announced.

SODBA
Sodba je bila razglašena.

MEDICINSKI POJMI
Medical Terms

SURGERY
The surgery was successful.

OPERACIJA
Operacija je bila uspešna.

PRESCRIPTION
The doctor gave me a prescription.

RECEPT
Zdravnik mi je dal recept.

MEDICAL TERMS

DIAGNOSIS
The diagnosis was quick.

DIAGNOZA
Diagnoza je bila hitra.

TREATMENT
The treatment is working.

ZDRAVLJENJE
Zdravljenje deluje.

VACCINE
The vaccine is safe.

CEPIVO
Cepivo je varno.

ALLERGY
She has an allergy to nuts.

ALERGIJA
Ima alergijo na oreščke.

MEDICINSKI POJMI

SYMPTOM

He had flu-like symptoms.

SIMPTOM

Imel je simptome podobne gripi.

OPERATION

The operation was a success.

OPERACIJA

Operacija je bila uspešna.

PATIENT

The patient is recovering.

PACIENT

Pacient okreva.

CONSULTATION

I have a consultation with the doctor.

POSVET

Imam posvet z zdravnikom.

OKOLJE

Environment

POLLUTION

Pollution is a big problem.

ONESNAŽEVANJE

Onesnaževanje je velik problem.

RECYCLING

Recycling helps the environment.

RECIKLIRANJE

Recikliranje pomaga okolju.

ENVIRONMENT

CLIMATE

The climate is changing.

PODNEBJE

Podnebje se spreminja.

DEFORESTATION

Deforestation affects wildlife.

KRČENJE GOZDOV

Krčenje gozdov vpliva na prostoživeče živali.

OZONE

The ozone layer protects us.

OZON

Ozon plast nas ščiti.

RENEWABLE

Renewable energy is important.

OBNOVLJIV

Obnovljivi viri energije so pomembni.

OKOLJE

ECOSYSTEM

The ecosystem is diverse.

EKOSISTEM

Ekosistem je raznolik.

HABITAT

The habitat is being destroyed.

HABITAT

Habitat se uničuje.

BIODIVERSITY

Biodiversity is crucial.

BIOTSKA RAZNOVRSTNOST

Biotska raznovrstnost je ključna.

CONSERVATION

Conservation efforts are needed.

OHRANJANJE

Potreben je trud za ohranjanje.

VESOLJE

Space

STAR

The star is very bright.

ZVEZDA

Zvezda je zelo svetla.

PLANET

Earth is a planet.

PLANET

Zemlja je planet.

SPACE

GALAXY

We live in the Milky Way galaxy.

GALAKSIJA

Živimo v galaksiji Rimske ceste.

ASTEROID

An asteroid passed by Earth.

ASTEROID

Asteroid je šel mimo Zemlje.

BLACK HOLE

A black hole is mysterious.

ČRNA LUKNJA

Črna luknja je skrivnostna.

SPACE STATION

The space station orbits Earth.

VESOLJSKA POSTAJA

Vesoljska postaja kroži okoli Zemlje.

VESOLJE

SATELLITE

The satellite sends signals.

SATELIT

Satelit pošilja signale.

COSMOS

The cosmos is vast.

KOZMOS

Kozmos je ogromen.

COMET

We saw a comet last night.

KOMET

Sinoči smo videli komet.

ROCKET

The rocket launched successfully.

RAKETA

Raketa je uspešno vzletela.

ČUSTVA IN OBČUTKI
Emotions and Feelings

HAPPINESS
Happiness is important.

SREČA
Sreča je pomembna.

SADNESS
Sadness is a natural emotion.

ŽALOST
Žalost je naravno čustvo.

EMOTIONS AND FEELINGS

ANGER

Anger can be difficult to control.

JEZA

Jeza je lahko težko obvladljiva.

FEAR

Fear can be overwhelming.

STRAH

Strah je lahko prevladujoč.

LOVE

Love is a powerful feeling.

LJUBEZEN

Ljubezen je močan občutek.

SURPRISE

The gift was a surprise.

PRESENEČENJE

Darilo je bilo presenečenje.

ČUSTVA IN OBČUTKI

EXCITEMENT

The children were full of excitement.

NAVDUŠENJE

Otroci so bili polni navdušenja.

JEALOUSY

Jealousy can ruin relationships.

LJUBOSUMJE

Ljubosumje lahko uniči odnose.

PRIDE

She felt pride in her work.

PONOS

Bila je ponosna na svoje delo.

GRATITUDE

He expressed his gratitude.

HVALEŽNOST

Izrazil je svojo hvaležnost.

THANK YOU

We hope this book has been a valuable resource in your journey to learn a new language.
Your commitment to expanding your linguistic skills is commendable, and we are honored to have been a part of your learning experience. We believe that language learning opens doors to new cultures, opportunities, and friendships, and we are thrilled that you have taken this step with us.

We would love to hear about your progress and experiences using this book. Your feedback is invaluable and helps us continue to improve and provide quality resources for language learners like you. Please consider leaving a review online or reaching out to us with your thoughts and suggestions.

Thank you once again for your support and dedication. We wish you continued success and joy in your language-learning journey.

Made in United States
Orlando, FL
19 February 2025